GUIDE DU TOURISTE

A CHERBOURG.

GUIDE

DU TOURISTE

A CHERBOURG,

AVEC LE PLAN DE LA VILLE.

PUBLIÉ

PAR MARCEL MOUCHEL, IMP[r]-LITH[e],

Rue de l'Hôpital, 1.

HISTOIRE. — MONUMENTS. — DESCRIPTION
DU PORT ET DE LA DIGUE. — ENVIRONS DE CHERBOURG.
— RENSEIGNEMENTS DIVERS.

PRIX : 1 FRANC.

CHERBOURG,

TYP. & LITH. MARCEL MOUCHEL, RUE DE L'HOPITAL.

1858

Pour visiter le Port Militaire, le voyageur doit être muni d'une permission, qui lui sera délivrée à la Majorité, sur présentation de son passe-port.

La Majorité se trouve à l'entrée sud du Port.

RÉSUMÉ HISTORIQUE.

Cherbourg, autrefois *Coriallum*, *Cæsarisburgus*, *Cherbertum*, *Carusburg*, *Chierbourg*, etc., a donné beaucoup de mal aux étymologistes qui sont loin d'être d'accord sur son origine. M. Victor Le Sens, de l'Académie de Cherbourg, s'appuyant de M. Bescherelle, prétend, avec assez de vraisemblance que le *Coriallum*, le Cherbourg des latins, est le *Coryal* des Gaulois, mot qui se compose de *cor* embouchure, et de *yal* qui signifie burg.

Quoiqu'il en soit, Cherbourg est une ville très-ancienne et qui a joué un rôle important vers la fin du moyen-âge et dans les temps modernes.

432.— St-Ereptiole prêche l'Évangile à Cherbourg.

912.— Cherbourg passe sous la domination de Rollon.

940. — Harold, roi de Danemarck, détrôné par son fils, aborde à Cherbourg avec une flotte de soixante voiles.

1036.— Famine horrible qui dure près de 4 ans.

1139.— Siége de Cherbourg par Etienne de Blois, qui s'en empare.

1142.— Geoffroy Plantagenet, époux de l'Impératrice Mathilde, reprend Cherbourg à Etienne de Blois.

1163.— Henri II, roi d'Angleterre, passe à Cherbourg les fêtes de Noël.

1203.— Philippe-Auguste assiége Cherbourg et l'enlève à Jean-Sans-Terre.

1207. — Le même roi accorde au port de Cherbourg, le privilége d'envoyer chaque année un navire de commerce en Irlande.—Quelques-uns prétendent que ce privilége existait depuis 1150.

1293. — Les Anglais pillent et incendient l'abbaye de Cherbourg.

1346. — Les Anglais assiégent inutilement Cherbourg.

1352. — Jean-Le-Bon cède Cherbourg à Charles-le-Mauvais, roi de Navarre.

1356.—Jean-Le-Bon, après un long siége, reprend Cherbourg au roi de Navarre.

1357. — Le Dauphin de France rend Cherbourg à Charles-le-Mauvais.

1366. — Charles-le-Mauvais crée, dit-on, tous les habitants de Cherbourg nobles et barons, ce qui a donné lieu, paraît-il, au titre de *pairs à barons*, que prenaient autrefois les Cherbourgeois.

1370. — Deux chefs de ribauds, Jacques de la Pipe et Robert Cranoles, s'emparent de Cherbourg qu'ils sont bientôt forcés de rendre.

1378. — Charles-le-Mauvais vend Cherbourg à Richard II, roi d'Angleterre, pour 22000 marcs d'argent.

1379. — Siége de Cherbourg par Duguesclin qui ne peut s'emparer du château.

1394. — Par une des clauses du contrat de mariage d'Isabelle de France avec Richard II, roi d'Angleterre, Cherbourg est rendu à la France.

1418. — Le duc de Glocester, frère de Henri V, roi d'Angleterre, assiége Cherbourg qui se rend au bout de trois mois.

1420. — Henri V vient à Cherbourg.

1435. — Par le traité d'Arras, Cherbourg est maintenu aux Anglais.

1450. — Le Connétable de Richemont assiége Cherbourg et en chasse les Anglais le 12 août. On fait usage à ce siége d'une nouvelle bombarde qui effraie les Anglais.

1464. — Louis XI accorde aux habitants de Cherbourg une charte qui les affranchit de toutes tailles, aides et autres charges quelconques.

1487. — Confirmation par Charles VIII des priviléges accordés à Cherbourg.

1532. — François Ier vient à Cherbourg, il est reçu au pont du Roule qui prend dès-lors, le nom de Pont-François Ier qu'il porte encore. Les rues étaient toutes tapissées et décorées. Le clergé, la milice et les échevins allèrent processionnellement au devant du roi qui fit son entrée sous un dais.

1562. — Montgommery, général huguenot—le même qui tua Henri II dans un tournoi—assiége inutilement Cherbourg que défendent Matignon et les Catholiques.

1574. — Matignon fait bâtir vers le bas de la rue de la Fontaine le bastion de St-François.

1589. — Cherbourg s'empresse de reconnaître Henri IV.

1591. — Le jour des Rameaux, le ligueur Dutourps essaie de surprendre Cherbourg pendant la procession mais trahi par une vieille femme, nommée Besboue, qui avait eu connaissance du complot, Dutourps est forcé de se retirer avec perte à son château du Theil. Plus tard il fut pris, et sa tête, avec celles de quatre de ses compagnons, fut plantée au bout d'une pique au-dessus de la porte de *Notre-Dame*. Ces hideuses dépouilles ornèrent cette porte pendant plus de cent ans.

1594. — Henri IV confirme les priviléges des habitants de Cherbourg et leur en accorde de nouveaux.

1613. — Louis XIII ratifie ces mêmes priviléges.

1623. — La peste est apportée à Cherbourg par un navire venant de La Rochelle. La plupart des habitants s'enfuient à Valognes.

1649. — Le lieutenant Caillères et la milice de Cherbourg assiégent Valognes qui était pour le roi et Mazarin, tandis que Cherbourg appartenait au parti de la Fronde.

1653. — Louis XIV confirme les priviléges des habitants de Cherbourg.

1688. — Jacques II, roi d'Angleterre, chassé par ses sujets, arrive à Cherbourg où il reste huit jours.

1692. — Le 30 mai, lendemain du combat de la Hougue où notre flotte fut battue par les flottes combinées de l'Angleterre et de la Hollande, un nouveau combat s'engage entre les navires français réfugiés à Cherbourg et les flottes ennemies. Le feu prend à trois vaisseaux français, le *Soleil Royal*, l'*Admirable* et le *Triomphant* qui sautent avec un fracas épouvantable.

1694-95.— Les Anglais croisent devant Cherbourg sans l'attaquer.

1708. — Les Anglais tentent une descente sur Cherbourg, mais leur tentative est sans résultat.

1709-10.—Les Anglais, pendant un an, bloquent dans la rade de Cherbourg, un convoi de 150 navires marchands chargés de blé.

1758. — Prise de Cherbourg par les Anglais.

Dans les mois de mai et de juin, les Anglais pratiquèrent plusieurs sondes sur toutes nos côtes, et enfin, le 5 août ils débarquent sans résistance à *Urville-Hague* et protégent leur débarquement par un feu terrible d'artillerie.

Le comte de Rémond, qui commandait à Cherbourg, soit qu'il fût fou, soit qu'il fût vendu, fit enclouer les canons tout le long de la côte, puis jeter à la mer, les poudres, les bombes et les gargousses, et se sauva à Valognes.

La ville et les campagnes environnantes furent rançonnées et pillées par les Anglais. Le général Blygh exigea de la ville une contribution de 44000 fr.

Il fit aussi miner le port, détruire tous les ouvrages de fortification, renverser les jetées et brûler les navires marchands qui se trouvaient dans le port ; il s'empara des canons et des mortiers qu'avait fait enclouer le traître Rémond ; enfin, il prit les cloches de l'Abbaye et s'en alla avec.

Toutes ces dépouilles furent portées en grand triomphe à la Tour de Londres où elles sont encore, sans doute.

Le 16 août les Anglais se rembarquèrent laissant Cherbourg ruiné.

1786.—Le Comte d'Artois (depuis Charles X) visite Cherbourg au mois de mai et donne son nom au fort du Hommet qui ne devait pas le conserver longtemps.

1786. — Le 22 juin, Louis XVI vient visiter Cherbourg. Le 23 il se rendit sur un des cônes qui ont servi de base à la Digue. Le Roi dîna sur ce cône où une tente avait été dressée pour lui et toute sa suite. Il se rendit de là au fort de l'Ile-Pelée qu'il nomma fort Royal, et revint prendre terre près du fort d'Artois. Le 24, on donna au Roi le spectacle d'un combat naval. Le 26, Louis XVI quitta Cherbourg laissant une somme de dix mille livres pour les pauvres de l'Abbaye, et une de dix mille pour ceux de la ville.

1789. — Emeute à Cherbourg. Quelques maisons sont pillées. Trois cents insurgés sont arrêtés par ordre de Dumouriez qui commandait alors à Cherbourg; deux d'entre eux, Piqueneau et Mesnil, furent pendus sur la place de la Fontaine, sept autres, parmi lesquels se trouvait une femme, furent fouettés nus au coin des rues, sur les places et dans les carrefours.

Le duc d'Harcourt et le duc de Beuvron, le premier Gouverneur de Normandie, le second lieutenant-général de la province, pris de peur, comme Rémond devant les Anglais, s'enfuirent en Angleterre.

1790. — Cherbourg devient chef-lieu de district.

1794. — Le représentant Bouret fait abattre dans l'église Ste-Trinité, les images du culte catholique. Il ordonne ensuite que les bas-reliefs de l'église, soient mutilés, ce qui eut lieu.

1808. — Les prisonniers espagnols creusent le fossé d'enveloppe du port militaire.

1811. — Le 26 mai, Napoléon et l'Impératrice Marie-Louise viennent à Cherbourg. Le maire, M. Delaville, fit à l'Empereur le discours suivant, dont la sobriété et le laconisme devraient être pris pour modèle par tous ceux qui parlent en ces occasions :

« Sire, nous avons l'honneur de présenter à V. M.
« les clefs de la ville de Cherbourg. Nous vous re-
« cevons mal, mais nous vous aimons bien et nous
« venons vous le dire. »

Napoléon aussitôt arrivé se rendit à la Digue et aux forts. Le soir il rentra en ville à pied. Le lendemain il visita les hauteurs et ordonna la construction de quelques-unes des redoutes qui défendent Cherbourg. L'évêque de Coutances, le président du tribunal de Valognes, le président du tribunal de commerce de Cherbourg firent des harangues à l'Empereur.

Le 29, il y eut bal dans des salles construites en planches et en toile sur la place d'Armes. L'Empereur et l'Impératrice n'assistèrent point à ce bal.

Le 30, Napoléon et Marie-Louise quittèrent Cherbourg, laissant un secours de dix mille francs pour l'hospice et pour le bureau de bienfaisance.

1812. — Cherbourg devient le siége d'une préfecture maritime. Le chevalier Molini fut le premier préfet du nouvel arrondissement.

1813. — L'Impératrice arrive à Cherbourg pour l'immersion du bassin décrété le 15 avril 1803. L'immersion commenca le 26, et le 27 au soir le bâtardeau s'étant rompu, la mer entra violemment dans le bassin.

Le même jour, l'Impératrice visita le château de Martinvast, y fit une collation toute champêtre et, comme elle revenait, le curé de la paroisse, en habits sacerdotaux lui offrit de l'encens.

Le 31 août, l'Impératrice apprit que son père, François Ier adhérait à l'alliance de la Russie et de la Prusse contre la France ; elle fut vivement affligée de cette nouvelle et elle partit le lendemain laissant mille francs pour les pauvres.

1814. — Le 11 avril, jour de l'abdication de Napoléon, les autorités de Cherbourg désignent des commissaires pour aller en députation à Jersey supplier le duc de Berry de daigner débarquer à Cherbourg. La députation arriva trop tard, mais le duc de Berry n'en débarqua pas moins dans notre port où il fut reçu avec empressement par les autorités qui donnèrent au quai, sur lequel il posa le pied, le nom de *Quai-Berry*.

Le prince se promena en ville où la foule se pressait sur son passage. Les maisons étaient décorées et illuminées comme lors des voyages de l'Empereur et de l'Impératrice, seulement les drapaux étaient blancs.

1814. Juin. — Cherbourg reçoit, pour quelques temps, mille hommes de la garde russe que les habitants sont obligés de nourrir et de loger.

1815. —Au mois d'août, les Prussiens, au nombre d'une quinzaine de mille, veulent entrer à Cherbourg. Le général Proteau qui y commande s'oppose à cette entrée. Cherbourg est bloqué et les campagnes pillées par les soldats prussiens qui partirent dans la nuit du 23 au 24 septembre.

1816. 21 janvier.— Grande démonstration religieuse à propos de l'anniversaire de Louis XVI. Nul ne pouvait entrer dans l'église s'il n'était en habit de deuil.

1816. 17 juin. — Grande fête à propos du mariage du duc de Berry avec la princesse Marie-Caroline des Deux-Siciles. Comme au temps de la Fédération on dressa un autel en plein vent, sur la place Divette, on y célébra la messe et on y fit des harangues. Le soir on illumina le ville et la municipalité fit disposer sur les places publiques des tonneaux de cidre destinés à la foule.

Deux mois après, de nouvelles fêtes, de nouvelles illuminations eurent lieu à Cherbourg, à l'occasion de l'arrivée du premier gentilhomme de la Chambre du Roi.

1817. Octobre.— Encore des fêtes et des illuminations à l'occasion de la visite du duc d'Angoulême.

1821. 1er Janvier.—Commencement de la mission.

16 Février. — Procession par les rues aux cris de

vive Jésus ! vive la religion ! vive la croix ! et plantation du calvaire qui a été abattu pour construire le nouveau presbytère.

18 Février. — Départ des missionnaires que les autorités reconduisirent jusqu'aux limites de la commune.

1825. — Grandes fêtes à l'occasion du sacre de Charles X.

1827. 10 septembre. — La Dauphine visite Cherbourg, où elle entre suivie d'une trentaine de maires de campagne, à cheval, écharpes au vent et portant des drapeaux blancs. Fêtes splendides, illuminations, décorations, députation de demoiselles, feu d'artifice, messe solennelle célébrée à la chapelle du Vœu par l'évêque de Coutances ; promenades, bal, etc. A cette occasion, on débaptisa la rue des Bastions pour l'appeler rue *Dauphine*.

1827. — Fondation de l'établissement des bains de mer, que l'on baptisa en 1829 de *Bains Dauphin*, puis plus tard, de *Bains Louis-Philippe*, puis enfin, de *Bains de Mer*. Cet établissement tombe aujourd'hui en ruines.

1829. 24 août. — Le Dauphin vient à Cherbourg : fêtes, illuminations et réjouissances ordinaires. Immersion et bénédiction d'un nouveau bassin.

On débaptise le port qui prend le nom de *Port Charles X*, et la digue prend le nom de *Fort-Dauphin*.

1830. 3 août. — Le pavillon tricolore annonce à Cherbourg le changement de dynastie. — 16 août, Charles X et sa famille arrivent à Cherbourg. Tous ces princes qu'on avait tant fêtés ne rencontrent plus un regard ami, et s'embarquent consternés et pleurants sur le *Great-Britain* et le *Charles-Caroll* navires appartenant au beau-père de Jérôme Bonaparte.

1831. — Le port du commerce est terminé.

1833. 1er septembre.—Visite du roi Louis-Philippe à Cherbourg ; on sonne les cloches, on tire le canon, les navires se pavoissent, les maisons sont décorées et enguirlandées; les dames se mettent aux fenêtres et agitent leurs mouchoirs, partout on crie: Vive le Roi.

Le soir, la Reine arrive à minuit avec ses enfants et Mme Adélaïde; elles sont reçues à l'arc-de-triomphe par les autorités qui les attendaient depuis 9 heures.

Le lendemain, le Roi avec sa famille visite la Digue.

Le soir, des demoiselles présentent une écharpe de blonde à la reine. Le 3, il y eut bal aux Bains de Mer. Le 5, le Roi reprit la route de la Capitale, laissant 1500 fr. au Bureau de Bienfaisance, 800 à l'Hospice Civil, 2600 pour les canotiers et divers ouvriers de la Marine.

1836.—On commence le bassin qui va être inauguré en 1858.

1844. — Cherbourg croyait avoir la visite du Roi Louis-Philippe à son retour d'Angleterre, il n'en fut rien, et le maire d'alors, M. Noël Agnès, fut délégué auprès du Roi pour lui remettre une adresse du Conseil Municipal exprimant ses regrets que Sa Majesté n'eut pas débarqué à Cherbourg.

1848. — Le dimanche 27 février, la République est proclamée à Cherbourg.

11 avril. —Plantation par les autorités et le clergé sur la place du Château (alors place de la Liberté) d'un arbre de la liberté. Le pasteur protestant, le premier vicaire de Sainte-Trinité, le sous-commissaire du gouvernement, le maire et quelques citoyens prononcèrent des discours au milieu d'une foule compacte. Cet arbre fut abattu en 1850.

1849. —En automne, le choléra fait des ravages à Cherbourg, et c'est à ce fléau que l'on doit les statuettes de la Vierge qui existent dans presque toutes les rues de la ville. Chaque jour, il y avait des processions de femmes effrayées qui installaient la Madone dans quelque nouvelle niche. Les quartiers pauvres sont les mieux pourvus.

1850. 5 septembre. — Visite du Président de la République. Le 6, le Président reçoit les autorités; banquet au port dans la salle des *Gabaris*. Le Dimanche, 8, simulacre en rade d'un combat naval, et le soir feu d'artifice sur le Quai-Napoléon. Grande affluence d'étrangers.

Armes.— Cherbourg, autrefois portait *d'azur à la fasce d'argent*, chargée de *trois étoiles de sable* accompagnée de *trois bezans d'or*, deux en *chef*, un en *pointe*.

Sous l'Empire, on ajouta à *dextre de l'écu* un N *d'or, surmonté d'une étoile rayonnante du même brochant au neuvième de l'écu*, et pour ornements extérieurs *une couronne murale à cinq créneaux d'argent cimier, traversée en fasce d'un caducée contourné du même, auquel étaient suspendus deux festons servant de lambrequins*, l'un à d'extre *d'olivier*, l'autre à senestre de *chêne*, d'argent, *noués et attachés par des bandelettes d'azur (1)*. La Restauration rendit à Cherbourg ses anciennes armoiries. Depuis quelque temps on est revenu à celles du premier Empire.

Rapprochements curieux. — Feu M. Ragonde, professeur au Collége de Cherbourg, a publié dans l'*Annuaire de la Manche, pour 1832*, sous le titre : *Princes malheureux qui sont venus à Cherbourg*, un article assez curieux que nous allons résumer brièvement.

1055. — Mauger, archevêque de Rouen (oncle de Guillaume-le-Bâtard), déposé pour son inconduite, se réfugie à Jersey et se noie sur nos côtes en voulant revenir dans le Cotentin. Il fut inhumé à Cherbourg.

1145. — Voyage de Mathilde. Voir plus loin.

1163. — Jean-sans-Terre, qui fut détesté de ses sujets, qui perdit la Normandie, qui fut battu à Bouvines, vient avec son père à Cherbourg. D'Argentré *(Histoire de Bretagne)*, prétend que c'est à Cherbourg que ce même Jean tua son neveu Arthur et le jeta à la mer.

1355. — Charles de Navarre vient à Cherbourg. L'année suivante, il est saisi traitreusement et enfermé au château des Andelys, d'où il s'échappa par ruse. Charles fut prisonnier de Pierre-le-Cruel, et du Roi de France, et mourut brûlé dans des draps imprégnés de liqueurs alcooliques, dont les médecins le faisaient envelopper.

---

(1) M. Victor Le Sens. *Essai historique sur l'origine du blason de la ville de Cherbourg.*

1418. — Le duc de Glocester vient assiéger Cherbourg; il est assassiné en 1447, à l'instigation de Marguerite d'Anjou, épouse de son neveu, Henri VI.

1532 —François Ier, battu et rançonné par Charles-Quint, vient à Cherbourg. On sait que l'opinion générale fait mourir ce Roi d'une galanterie gagnée avec la belle Ferronnière.

Henri II, qui mourut de la main de Montgommery, accompagnait François Ier, son père, dans ce voyage.

1688. — Le dernier des Stuarts, Jacques II, détrôné et chassé par ses sujets, débarque à Cherbourg.

1786. — Le comte d'Artois visite Cherbourg, et en 1830, le même comte d'Artois, alors Charles X, s'embarque à Cherbourg, pour l'exil où il devait mourir.

1786.—Dans la même année, son frère Louis XVI vient à Cherbourg, et moins de sept ans après sa tête tombait sur l'échafaud.

1811. — le 22 mai, Napoléon et Marie-Louise visitent Cherbourg. Dix ans plus taid, le cinq mai, Napoléon meurt à Ste-Hélène, après six ans de captivité.

1814. — Le duc de Berry débarque à Cherbourg. En 1820, il est assassiné par Louvel.

Le duc d'Angoulême vient à Cherbourg, en 1817 et en 1829, sa femme y vient en 1827, et tous deux, en 1830, s'y embarquent avec Charles X, pour la terre d'exil.

1831. 10 juin. —Encore un souverain détrôné, qui arrive à Cherbourg, Don Pedro Ier, Empereur du Brésil, qui avait épousé la fille d'Eugène de Beauharnais.

A ces princes malheureux, dont parle M. Ragonde, il faut encore en ajouter un :

Louis-Philippe visite Cherbourg, en 1833, et 15 ans plus tard, il prend, comme son prédécesseur, le chemin de l'exil.

Ajoutons avec M. Ragonde, en terminant ces rapprochements, que « nous ne professons pas une « sorte de fatalisme irrésistible à l'occasion des « malheurs attachés aux princes qui ont visité « Cherbourg. » Ce sont de simples renseienements dont l'histoire de toutes les villes offrent des exemples.

Position, Statistique, Monuments et Établissements.

Cherbourg est situé par 49°, 38' 34" de latitude Nord, et 3° 57' 39" de longitude Ouest, d'où l'on voit qu'en convertissant cette longitude en temps, il vient —15 m. 51 s., c'est-à-dire, que l'heure de Cherbourg retarde de 15 m. 51 s. sur celle de Paris.

Cherbourg compte 38,271 habitants, y compris la population flottante qui est de 11,112.

Il y a à Cherbourg une préfecture maritime, une sous-préfecture, un tribunal de première instance, un tribunal de commerce, une chambre de commerce, un tribunal maritime, une académie, aujourd'hui *impériale*, autrefois *nationale* ou *royale*, suivant le temps, une société des sciences naturelles, un collége communal, une école d'hydrographie, six écoles primaires communales, pour les garçons, dont deux dirigées par les frères de la doctrine chrétienne; six écoles communales pour les filles, toutes dirigées par des sœurs, quatre instituteurs primaires privés, douze institutrices privées, neuf professeurs de musique, quatre professeurs d'anglais, trois professeurs de dessin, un professeur d'escrime, un professeur de danse, deux journaux sans journalistes, quatre églises paroissiales, deux chapelles, un temple protestant, un hôpital pour la marine et la guerre, un hospice civil, une société d'agriculture, une société d'horticulture, deux bureaux de l'enregistrement, une recette particulière, une bibliothèque publique, un cabinet d'antiquités et d'histoire naturelle, un bureau de télégraphie électrique, un entrepôt de sel et de denrées coloniales. Il y a aussi à Cherbourg, un général commandant le département, un major-général de la marine, un colonel commandant la place, un directeur des constructions navales, un directeur du génie, un directeur d'artillerie de marine, un directeur des travaux hydrauliques, un directeur des mouvements du port, un inspecteur de la marine, un commissaire général.

Les rues de Cherbourg sont en général sinueuses, et, par conséquent, plus agréables que les rues tirées au cordeau, comme les rêve M. Prud'homme, qui, disons-le, pour être juste, ne manque pas de partisans ; elles sont pour la plupart bien pavées et tenues assez propres ; seulement les piétons désireraient y rencontrer moins souvent des *camions poussés* par des hommes, comme des brouettes, au lieu d'être *traînés* ; ce stupide usage, qui a souvent occasionné des malheurs, est très-dangereux, surtout dans les rues étroites, et les entrepreneurs de roulage devraient, ce nous semble, s'efforcer de le faire disparaître.

Bibliothèque. — La Bibliothèque qui contient de bons ouvrages, mais qui possède peu d'ouvrages modernes, est située rue de la Paix, dans un appartement de l'Hôtel-de-Ville ; elle est ouverte le lundi, le mercredi et le vendredi, de 6 heures à 9 heures du soir. Outre les livres, elle contient une cheminée qui a été apportée de l'Abbaye et qui est un morceau curieux.

Musée Henry. — Ce musée, qui est riche en toiles dues au pinceau des grands maîtres, a été donné à la ville par un de ses enfants, Thomas Henry, dont le buste se trouve au fond de l'appartement. Il y a aussi à l'entrée du Musée un Moïse de M. Millet (de Gréville) ; c'est un des débuts du grand artiste, dont la réputation est faite aujourd'hui par la charge et par tous les critiques, et ratifiée par le public — qu'on nous pardonne cette parenthèse en faveur d'un enfant du pays dont les efforts, l'énergie et les talents nous sont sympathiques.

Musée des Antiques. — L'Hôtel-de-Ville contient aussi un Musée des Antiques où il se trouve plusieurs pièces curieuses, telles que des haches celtiques, (1) une momie égyptienne, avec une note de Champolion-Figeac, et une riche collection de fossiles.

(1) Je ne sais pas jusqu'à quel point il faut se fier à l'authenticité des haches druidiques, car, il y a une trentaine d'années, un marchand de bric-à-brac ayant fait fabriquer par un forgeron un couteau de sacrificateur druidique, le vendit à notre Cabinet d'Antiques, où il fut exposé à l'admiration des connaisseurs, jusqu'à ce que le forgeron amené au musée, par hasard, eut dévoilé la supercherie, en se déclarant l'auteur du coutelas qui fut alors jeté à la ferraille, ce qui dut l'humilier ainsi que les savants.

Fontaine de la place d'Armes. — Ce monument dont la cuvette, ainsi que l'aiguille, est d'une pièce fut érigé en 1817, en l'honneur du duc de Berry. L'aiguille a 9 m. 95 de hauteur.

Le granit provient des falaises de Flamanville. Le bloc dans lequel a été taillée l'aiguille, se trouvait à l'entrée d'un trou appelé *Baligan*, et comme ce bloc était injecté de fer, les habitants du lieu croyaient fermement que ces taches rouges étaient le sang du dragon que Saint Georges tua à l'entrée de cette caverne, en revenant des îles de l'Océan Britannique.

Statue de Napoléon Ier. — C'est au Nord de la place d'Armes, sur le Quai Napoléon, que se trouve la statue équestre de l'Empereur Napoléon Ier. Cette statue est due à M. Le Véel (de Bricquebec), artiste dont la renommée grandit chaque jour, depuis quelques années. Ce monument à 10 mètres 20 de hauteur. Le piédestal est en granit de Flamanville.

Église Sainte-Trinité. — Commencée en 1423, cette église fut terminée une trentaine d'années plus tard; elle a 46 mètres de longueur, et 28 de largeur. Son lourd clocher et son portail, datent de 1828, Elle avait un élégant portail du côté du presbytère. mais on en a fait une tribune. On y remarque une chaire très-élégante, due à un artiste de Cherbourg, Armand Fréret.

Monument Bricqueville. — Le monument Bricqueville, qui se trouve sur la place des Sarrasins, a été élevé par souscription ; au nombre des souscripteurs on compte soixante députés, parmi lesquels nous citerons : MM. Laffite, O. Barrot,

Havin (directeur actuel du *Siècle*), Tocqueville, Vieillard, Boulay, Subervie, Garnier Pagès, Chambolle, Marie, Dupont (de l'Eure), Carnot, Lamartine; le prince Napoléon Louis-Bonaparte souscrivit pour cent francs.

Le buste est de David d'Angers; le piédestal, qui est d'un mauvais effet et trop bas, est orné de bas-reliefs en bronze.

Bricqueville n'étant pas un personnage très connu de tout le monde, nous croyons devoir donner ici une courte notice biographique sur l'ancien député de Cherbourg.

Armand de Bricqueville naquit le 24 janvier 1785, à Bretteville, près Cherbourg. Son père fut fusillé comme vendéen à Coutances; à la suite de cet évènement, sa mère l'emmena en Suisse, et il ne rentra en France, qu'en 1804. Il prit du service et fit partie de l'armée d'Italie. Bientôt il fut nommé lieutenant, puis successivement aide-de-camp du prince Le Brun, officier d'ordonnance de l Empereur et aide-de-camp de Masséna. A la Moskowa, il était à la tête de la colonne qui s'empara du Mont-Sacré. Il se distingua au siége d'Anvers et mérita d'être signalé par Carnot. A la reddition de Paris, il donna sa démission, mais les lieutenants-généraux Roguet et Cartaux lui intimèrent l'ordre de se mettre à la disposition de Louis XVIII, qui faisait sa rentrée à Paris. Bricqueville accompagna le roi jusqu'à Saint-Ouen et donna une seconde fois sa démission.

A la rentrée de l'Empereur, Bricqueville reprit du service. Après Waterloo, il voulait que Carnot fit arrêter Fouché, et transférât le Sénat au-delà de la Loire, afin de pouvoir traiter d'égal à égal avec Louis XVIII. Son projet ne fut pas accueilli par Carnot; alors il alla se joindre au général Excelmans, entre Sèvres et Versailles, et se battit en désespéré contre les Prussiens. Il ne voulut point prendre de service sous la Restauration. Après 1830, il accepta du Roi le titre de maréchal-de-camp, mais Soult refusa de signer le brevet.

En 1827, Les collèges de Cherbourg et de Valognes, l'envoyèrent à la Chambre des députés où il alla siéger avec l'opposition. Il fut encore élu en 1830, et après la séparation des deux arrondissements, il fut élu par celui de Cherbourg jusqu'en 1837. En 1833, ayant prononcé à la Chambre un discours très-véhément qui blessa le maréchal Soult, Bricqueville eut un duel avec le fils de ce dernier; après dix minutes de combat, le duc de Dalmatie rencontra une pierre et tomba; Bricqueville se jeta sur lui, alors ils se prirent corps à corps et les témoins furent obligés de les séparer. Réélu en 1841 et 1842, il siégea toujours du côté gauche. Il mourut le 19 mars 1844, âgé de 59 ans. Son corps fut rapporté à Cherbourg, et inhumé avec une grande pompe militaire et religieuse. Bricqueville eut, plutot que de grands talents, de la bravoure et de la générosité; il aimait avec cœur et dévouement sa patrie, et ses frères d'armes. Il est mort dans sa gloire, aimé du pays q'uil représentait. Heureux ceux que la mort frappe ainsi, avant que le temps où les évènements aient éloigné d'eux leurs amis.

Hospice Civil. — En face de l'église Ste Trinité, du côté du Sud-Ouest, se trouve un établissement d'assez pauvre apparence, aux murs hauts et noirs, c'est l'hospice civil, qui occupe cet emplacement, depuis 1304. Il fut complétement détruit par un incendie, en 1626, et réédifié en 1639. Cet hospice étant beaucoup trop petit pour Cherbourg, on a parlé pendant cinquante ans d'en faire un plus grand, et cette année, l'adjudication en a été passée. Le nouvel hospice, qui est situé sur le Champ-de-Mars, est enfin commencé.

Maison de l'abbé de Beauvais. — En face de l'angle ouest de l'hospice, dans la rue du Nord, une plaque rappelle que c'est là que naquit en 1731, l'abbé de Beauvais, qui fut évêque de Senez (1), de

(1) Petit bourg à 4 lieues de Digne. Cet évêché était éstimé 12,000 livres.

1773 à 1783. Six semaines avant la mort de Louis XV, il prêcha devant ce roi, son fameux sermon, qui a pour titre: « *Dans quarante jours Ninive sera « détruite* ». La du Barry se fâcha, mais Louis XV qui ne se croyait pas si près du tombeau, répondit à sa maîtresse : « *Il a fait son métier* ! » et l'abbé de Beauvais ne fut point inquiété pour avoir dit de dures vérités au roi de France. Il fut élu, par le clergé, député aux États-Généraux de Paris *(extra muros)*. Il mourut le 4 avril 1790.

Temple Protestant. — C'est un bâtiment très simple qui se trouve sur le côté Ouest de la place Divette. Il a été inauguré en 1834, par les autorités catholiques. A côté du temple protestant se trouvent la salle d'asile et une école tenue par les frères de la Doctrine Chrétienne.

Théâtre. — Longtemps Cherbourg a été sans théâtre. Lorsque l'Impératrice vint en 1813, elle assista à la représentation du *Petit Matelot* dans une espèce de grange rue de la Comédie; plus tard, le théâtre fut transféré rue de la Paix et la salle n'était pas trop mal disposée ; depuis quatre ans, on a fait bâtir un théâtre rue de l'Alma ; ce n'est point comme on l'a dit un bijou, une bonbonnière, etc., mais c'est une salle passable qui peut contenir 1000 spectateurs. On est bien au balcon-divan et aux trois rangées du milieu des stalles d'orchestre.

Prix des places : balcon-divan, 2 f. 50. — Stalles d'orchestre, 2 fr. — Premières de côté 2 fr. — Baignoires, 1 f. 50. — Parterre, 1 fr.

Église du Vœu. — On prétend, sans beaucoup de fondement, qu'en 1145 l'impératrice Mathilde, qui se réfugiait en Normandie, fut assaillie en mer par une violente tempête, pendant laquelle elle fit vœu de bâtir une chapelle sur la terre où elle poserait le pied. Elle aurait débarqué à Cherbourg, selon la légende, et y aurait fait élever une chapelle qui prit de là le nom de chapelle du Vœu. Contrairement à la légende, l'histoire établit que Mathilde n'a pu venir en Normandie en 1145, car, selon Rapin du Thoyras, elle ne quitta l'Angleterre qu'après la mort de ses deux premiers conseillers : le comte de Glocester, mort en novembre 1146 *(Gervase)* et Milo, comte d'Hereford, tué en décembre de la même année *(Hagulstad)*. Le cartulaire de l'Abbaye, où l'on a puisé cette histoire du vœu de Malthilde, ment donc quand à la date et mérite, par conséquent, peu de croyance pour ce qui est des détails. Quoi qu'il en soit, la chapelle du Vœu, qui existait autrefois à côté de l'hospice de la marine, dans les terrains occupés actuellement par les fortifications, a été démolie en 1854.

L'église dite du Vœu, située à l'Ouest de la ville, a été destinée à remplacer l'ancienne chapelle.

Cette église a 66 mètres de longueur et 19 mètres de largeur; elle est divisée en trois nefs ; il y a des vitraux et un autel qui méritent quelque attention. Quant au tableau commémoratif, il n'est pas très remarquable. On dit qu'il l'était plus autrefois, avant d'avoir été retouché, parce que les cheveux de la princesse se dressaient contre le vent. Depuis, on leur a fait prendre la direction du courant.

Chapelle Saint-Sauveur. — A quelque distance de l'église du Vœu se trouve la chapelle qui renferme le tombeau du bienheureux Barthélémy Picqueray né à Cherbourg en 1609, et mort en 1685. Cette chapelle s'appelait autrefois chapelle *Sainte-Honorine*. L'abbé Picqueray, qui s'y retira à l'âge de cinquante ans, l'orna d'une statue du Sauveur; de là, le nom qu'elle porte aujourd'hui. Le jour de la Saint-Barthelémy, les femmes du peuple se rendent en foule à cette chapelle avec leurs petits enfants, à qui elles font baiser la pierre sépulcrale du bienheureux.

Poudrière. — Presque au centre de la ville, se trouve une poudrière importante par ses caves, mais qui ne contient presque jamais de grandes quantités de poudre. Il est défendu de fumer en passant devant cette poudrière, et aussi d'y courir ou d'y trotter avec des chevaux.

Collége. — Le collége est situé rue de Bailly. Il se compose de vastes établissements parfaitement aérés. Il y a des écoles primaires élémentaires — une école primaire supérieure — une école préparatoire pour Saint-Cyr et une école préparatoire de marine.

Halles. — Au sud de la place du Château (qui a porté quelque temps le nom de place de la Liberté) est situé un grand bâtiment de forme carrée ; ce sont les halles, qui furent livrées au public au commencement de 1832. Ce bâtiment a 61 m. 46 sur 64 m. 40; il est précédé au N. et au S. par des cours de 16 m. de largeur.

Tribunal et Prison. — Tout à côté des halles se trouve le tribunal, qui n'offre rien de remarquable, et au sud du tribunal, la prison, qui a reçu les premiers détenus en 1827.

Place Divette. — Au sud des halles et de la prison se trouve la place Divette, qui tire son nom de la rivière qui la traversait autrefois. Cette place et celle du Château étaient, il y a moins d'un siècle, un vaste marais que la mer couvrait tous les jours. On construisait alors des navires vers l'extrémité sud de la rue du Château, et aussi sur l'emplacement où se trouve le temple protestant. On pouvait s'embarquer à l'extrémité de la rue du Château, pour se rendre au Roule.

Port de commerce. — Au nord du débarcadère du chemin de fer, se trouve le port de commerce, qui a 408 mètres de longueur sur 128 de largeur.

Il y a à l'extrémité nord du bassin, des portes de flot, qui y maintiennent, en tout temps, la quantité d'eau nécessaire pour faire flotter les navires. Entre le bassin et l'avant-port, se trouve un pont-tournant qu'on ouvre à la pleine mer, pour laisser entrer ou sortir les bateaux.

L'avant-port a 240 mètres de longueur, et 200 dans sa plus grande largeur. Il communique à la mer par un chenal de 600 mètres de longueur.

Canal de retenue. — Parallélement au bassin, à une petite distance, et du côté de l'est, se trouve le canal de retenue, où viennent se mêler à la mer les eaux de la Divette et du Trottebec. On y ensable les bois de mâture pour les conserver. Ce canal qui a 500 mètres de longueur et 66 mètres de largeur, a été construit en 1769. Du côté ouest du canal se trouvent les Abattoirs, et au nord, la caserne du Val-de-Saire et la Manutention de la guerre. C'est dans ce dernier établissement que se fabrique le pain destiné à la troupe.

Vieil-Arsenal. — Sur le quai Est-du-Port, un long bâtiment renfermant les bureaux de l'Inscription Maritime, l'École d'Hydrographie et des magasins porte le nom de *Vieil-Arsenal*, parce que c'était là autrefois, qu'étaient établis, sur une petite échelle, la plupart des ateliers du port.

Bains de mer. — A l'est du Vieil-Arsenal se trouve un établissement assez vaste, connu sous le nom de Bains-de-Mer, qui s'est appelé *Bains-Dauphin* et *Bains Louis-Philippe*, et qui n'a jamais rien rapporté aux entrepreneurs qui ont essayé de l'exploiter. Aujourd'hui il pleut dans les salons qui tombent en ruine, et dans peu d'années, si on n'y remédie bientôt, tout croulera. L'emplacement des Bains-de-Mer comprend un hectare de terrain, et sa position est favorable, ou pour une usine ou pour un établissement de bains, si le chemin de fer décide les étrangers à nous visiter.

Église Saint-Clément. — Au sud des Bains-de-Mer se trouve l'église St-Clément. Ce monument qui est sans caractère religieux, a été commencé en 1853, et consacré en 1856.

Champ-de-Mars. — En face du portail de l'église St-Clément se trouve une vaste place appelée Champ-de-Mars, qui a 200 mètres de longueur et 140 de largeur. C'est sur cette place que l'on construit le nouvel Hospice Civil.

Fort du Roule. — Au sud du Champ-de-Mars se trouve la montagne du Roule, dont le flanc a été dégarni pour construire la Digue; sur cette montagne, à 119 mètres au-dessus du niveau des basses mers d'équinoxe, se trouve un fort nouvellement construit, auquel on parvient par une rampe de 600 mètres de longueur. Le fort qui avait été construit en cet endroit pendant la Révolution et augmenté par les prisonniers espagnols, en 1813, a complètement disparu.

C'est de ce point, à ce qu'il paraît, que Duguesclin lorsqu'il fit le siége de Cherbourg, en 1379, faisait lancer sur la ville, au moyen de beliers, d'énormes boules de pierre. Il y a cent ans on voyait encore une grande quantité de ces boules dans les rues de Cherbourg.

Le point de vue dont on jouit du haut de la montagne du Roule, est un des plus beaux du pays.

Église du Roule. — Au pied de la montagne se trouve une petite église dite Église du Roule, assez élégante à l'extérieur, assez pauvre à l'intérieur.

Gare du Chemin de Fer. — En entrant en ville, le voyageur se retrouve en face de la gare du chemin de fer, établie dans un terrain qui appartenait à la Marine. Les bâtiments de la gare sont en général un peu bas et n'offrent rien de monumental.

Digue et rade. — Cherbourg possède un monument unique au monde, par ses proportions gigantesques, c'est la Digue qui ferme sa rade.

Après le combat malheureux de La Hougue (1792) le gouvernement reconnut la nécessité d'établir un port dans la Manche, mais longtemps les opinions furent partagées; les uns étaient pour la Hougue, les autres pour Cherbourg. En 1748, le gouvernement se décide à faire de Cherbourg un port de relâche seulement, pour les navires poursuivis en temps de guerre. En 1756, il revint à l'idée d'un grand port de roi, sur nos côtes, mais on semblait alors pencher pour la Hougue; la descente des Anglais à Cherbourg en 1758 (1), vint raviver la question; puis la guerre d'Amérique à son tour fit sentir le besoin d'un port dans la Manche, et on fit étudier par le capitaine de vaisseau, M. de la Bretonnière, et par l'astronome Meschain, les côtes, depuis Dunkerque jusqu'à Granville. Enfin, en 1777, M. de la Bretonnière fut chargé de faire connaître au gouvernement le lieu le plus favorable pour établir dans la Manche une rade, où les navires de guerre pourraient trouver un abri contre les vents et les insultes de l'ennemi.

M. de La Bretonnière fit un rapport favorable à Cherbourg; une Commission d'officiers et d'ingénieurs vint étudier la question sur les lieux, et en 1779, une ordonnance du roi décidait la construction des forts du Hommet et de l'Ile-Pelée, qui devaient protéger les navires relâchés en rade. Puis il fut bientôt question de fermer la rade au moyen d'une digue, qu'un directeur de fortification proposait d'établir en ligne

(1) Cette descente eut lieu le 7 août, presque jour pour jour à un siècle de différence, les souverains des deux nations se trouvent réunis à la même table, sur la rade de Cherbourg.

directe entre le Hommet et l'Ile-Pelée. M. de La Bretonnière combattit ce projet qui détruisait pour ainsi dire la rade, et enfin, on se décida pour une digue qui partirait de Querqueville et qui irait à l'Ile-Pelée.

Un ingénieur des Ponts-et Chaussées, M. de Cessart, proposa pour fonder cette digue, de couler pied à pied des cônes tronqués de 140 pieds de diamètre, à la grande base, de 60 à la petite, et de 60 de hauteur. Ils devaient être coulés en pleine mer, remplis de pierres et de blocailles jusqu'à la hauteur des basses mers, et, depuis ce niveau, de maçonnerie en pierres de taile. Il fallait 90 cônes pour fermer la rade.

Le premier fut construit au Havre en 1782, transporté à Cherbourg, où il devait être coulé en 1783: mais une violente tempête empêcha l'opération qui n'eut lieu que l'année suivante, le 6 juin, en présence d'une foule immense (1) venue de tous les points de la France et de l'étranger, pour assister à la flottaison et à l'immersion de cette gigantesque cage (2).

La Digue avec ce système de cônes, devait coûter 80 millions, ce qui effraya le gouvernement et l'engagea à modifier le plan primitif. On espaça les

---

(1) Jamais on n'avait vu une affluence de monde aussi grande à Cherbourg: de mauvais galetas furent loués 12 à 15 francs par nuit. On compta dans des auberges jusqu'à deux cents étrangers couchant sur la paille, dans les greniers, dans les corridors et les écuries. Cependant quantité de personnes ne purent trouver à se loger et passèrent la nuit dans les rues, sur les places et dans les champs voisins. *Notice historique sur Cherbourg*, J. D***.

(2) M. Vérusmor, *Histoire de Cherbourg*.

cônes de 30 toises, puis, on porta cette distance jusqu'à 200 toises, et on remplit les intervalles au moyen de pierres perdues.

En 1788, il avait été coulé 18 cônes, et on reconnut que ce système était insuffisant pour abriter la rade ; alors on en revint au système de M. de la Bretonnière, qui consistait à former un brise-lames, au moyen de pierres perdues. En 1790, le volume des pierres versées en rade était de deux millions et demi de mètres cubes. En 1791, on fit sur un espace de cent mètres l'essai de blocs de 500 à 600 décimètres cubes (1) qui devaient être moins mobiles sous le flot que les pierres de petite dimension ; le résultat fut des meilleurs, et on décida que la Digue serait ainsi recouverte de gros blocs que l'on extrayait de la montagne du Roule et de la Fauconnière.

En 1802, un décret ordonna que la partie centrale de la Digue serait élevée de 2 m. 90 au-dessus du niveau des plus hautes mers et qu'on y établirait une batterie de 20 pièces de canon. En 1805 cette batterie était armée.

En 1808, le 12 février une affreuse tempête renversa le revêtement de la Digue et coûta la vie à 202 personnes qui y étaient employées.

Les travaux furent cependant repris, puis suspendus en 1814; ils furent de nouveau repris en 1823 par la Restauration.

---

(1) On trouve dans quelques ouvrages que ces blocs cubaient 50 à 60 centimètres; on a probablement confondu centimètres cubes avec centièmes de mètre cube, car des blocs de 50 à 60 centimètres cubes représentent à peu près le volume d'un œuf de poule.

En 1830, la Digue fut comprise au budget pour 70,000 fr. En 1832, le gouvernement adopta le plan de M. Fouques Duparc, ingénieur en chef des Travaux Hydrauliques à Cherbourg, projet qui consistait à couvrir la Digue par un bloc unique de dix mètres d'épaisseur en maçonnerie pleine et cimentée, c'est par ce moyen que la Digue a été exhaussée et qu'on a pu garantir le brise-lames contre la puissance incalculable des vagues immenses qui viennent aux jours de tempête se briser contre la chaussée, et qui passent en nuage d'écume par-dessus le parapet.

La Digue a 3,712 mètres de longueur totale, elle se divise en deux branches formant un angle obtus de 170° dont le sommet est au nord, elle a 130 à 140 mètres de largeur à sa base, 29 à 30 mètres de hauteur, son parapet a 10 mètres 90 centimètres. Elle a coûté d'après MM. Reibell et Bonnin, 65,862,272 fr. Si elle avait été construite à un kilomètre plus loin, en pleine mer, Cherbourg et son port seraient plus en sûreté en cas d'attaque, et la rade pourrait contenir un bien plus grand nombre de vaisseaux (1), mais telle qu'elle est, la Digue a fait de Cherbourg une position unique au monde. Outre, la dépense dont il vient d'être parlé, il faut ajouter pour le musoir Ouest 700,000, pour la batterie intermédiaire 300,000, pour la batterie centrale 700,000 et pour le musoir Est 660,000.

Port militaire. — Le port militaire qu'on aurait

---

(1) On estime qu'elle peut en contenir environ 40 seulement

peut-être dû placer dans la vallée du Roule, pour le mettre à l'abri des boulets ennemis, se trouve au contraire au nord-ouest de la ville, il comprend :

L'Avant-Port qui a 292 mètres de longueur sur 336 mètres 3/4 de largeur; il est creusé à 9 m. 24 au-dessous du niveau des plus basses mers, il communique à la rade par un chenal de 64 mètres de largeur. Commencé en 1803, il fut inauguré le 27 août 1813, en présence de l'Impératrice Marie-Louise ;

Le Bassin de flot qui a 201 mètres de longueur sur 217 de largeur ; il communique avec l'avant-port au moyen d'une écluse de 17 mètres 86 de largeur. Commencé en 1803, il fut inauguré par le duc d'Angoulême, le 25 août 1829 ;

L'arrière-bassin ou bassin Napoléon III qui a 420 mètres de longueur, 200 de largeur et 17 m. 86 de profondeur. Il a été commencé en 1839, mais en 1853, époque à laquelle MM. Dussaud et Rabattu se rendirent adjudicataires des travaux à y exécuter, il était peu avancé; c'est sous la direction de ces entrepreneurs, et en moins de 5 ans, que ce bassin a été creusé. Jamais ces sortes de travaux n'avaient marché aussi rapidement dans notre port. MM. Dussaud et Rabattu on fait usage de grandes mines contenant 4 à 5,000 kilog. de poudre, et qui soulevaient des masses énormes de terrain.

Ce bassin sera inauguré le 7 août prochain, en présence de l'Empereur et de l'Impératrice. Outre les bassins, le Port comprend un grand nombre d'ateliers parmi lesquels nous signalons au touriste: la *Salle des gabaris* où l'on trace les navires de l'Etat; la *scierie mécanique* qui sert à débiter et chantourner toutes espèces de pièces; l'*atelier des chaloupes et canots*; la *halle de montage*; l'*atelier des martinets* où fonctionnent des marteaux de 3 à 4,000 kilog.; l'*atelier des machines* où les métaux sont travaillés et façonnés de mille manières; l'*atelier de la fonderie* dont le nom indique suffisamment le genre de travaux qui s'y font; les *ateliers à bois* où l'on confectionne les bouées, les futailles, les avirons et les gournables (1); l'*atelier de sculpture* où l'on fait toute l'ornementation des navires; l'*atelier de la poulierie*; l'*atelier de la peinture*; l'*atelier de la menuiserie*; l'*atelier des modèles* pour la fonderie; l'*atelier de la garniture*; l'*atelier de la voilerie*; l'*atelier des forges*; l'*atelier de la chaudronnerie*. Nous nous contenterons d'indiquer seulement le nom de ces divers ateliers, afin que le touriste puisse choisir ceux qui lui présentent un intérêt particulier.

Nous lui recommandons encore la *salle des modèles* dans les bâtiments des Travaux Hydrauliques, où il trouvera des plans, des modèles et des objets d'art, qui ne peuvent manquer de l'intéresser. La *maréographe* sur le quai du bassin Napoléon Ier. Cet appareil, comme l'indique son nom, *écrit les marées*, c'est-à-dire indique leur hauteur; la *salle d'armes de l'artillerie* où il trouvera confectionnées avec des

---

(1) Les gournables sont des chevilles de chêne, employées dans la construction des navires, et dont la longueur varie depuis 0 m 40 à 1 m on les comprime aujourd'hui au moyen d'un appareil très-ingénieux dû à un maître du port de Cherbourg, M. Fleury.

armes et avec un goût artistique toutes sortes de figures et de faisceaux.

A l'ouest du port se trouve un monument que nous avons omis de mentionner, c'est l'Abbaye où l'Hospice Maritime. Il ne reste presque plus rien de l'ancienne abbaye. Tous les bâtiments sont modernes.

Environs de Cherbourg.

Châteaux.—Les principaux châteaux des environs de Cherbourg qui méritent d'être visités, sont: le château de *Flamanville* appartenant à M. de Sesmaisons; c'est un des plus beaux du pays. Il y a à-peu-près un siècle, on y avait préparé un appartement pour J.-J. Rousseau qui préféra Ermenonville; le château de *Martinvast* qui appartient à M. le général, comte Du Moncel, est dans une position très-agréable. L'Impératrice Marie-Louise l'a visité en 1813. C'est sur la propriété de M. Du Moncel, qu'est établie la Ferme-Ecole du département de la Manche ; le château de *Saint-Pierre-Église* qui appartient à M. de Blangy, est fort beau. Il y a une bonne bibliothèque. On y voit les ruines d'un ancien château détruit par les ligueurs, sous Henri IV, et dans lequel naquit le célèbre abbé de St-Pierre (Castel) auteur de la *Paix perpétuelle*.

A côté de ces châteaux, il y a, à une lieue au sud de Cherbourg, un manoir qui mérite aussi de fixer l'attention du touriste par les tristes souvenirs qui s'y rattachent, c'est le manoir de Tourlaville qui appartient aujourd'hui à M. A. de Tocqueville, ancien ministre des affaires étrangères.

Ce manoir appartenait autrefois aux Ravalet, famille venue de Bretagne en Normandie.

La légende raconte que des crimes horribles furent commis dans ce manoir, mais l'histoire n'a enregistré qu'un seul de ces crimes, c'est un inceste entre frère et sœur. Les coupables furent exécutés en place de Grève, à Paris, en 1603. Voici comment le *Journal de l'Etoile* rend compte de cette exécution :

« Le mardy 2 de ce mois (décembre), furent décapitez en « la place de Grève, un beau gentilhomme normand, riche « (ainsi qu'on disait) de dix mille livres de rente, nommé Tourlaville, avec sa sœur, fort belle, âgée de 20 ans ou environ; « et ce, pour l'inceste qu'ils avaient commis ensemble, desquels « le pauvre père s'étant jeté à genoux aux pieds du Roy, le jour « de devant pour demander leur grâce, S. M. la lui aurait « refusée, ayant fait réponse que, si la femme n'eût point été « mariée, il eût volontiers donné sa grâce, mais que l'étant il « ne le pouvait, bien lui donnoit-il leurs corps pour les faire « enterrer. La Reine s'y trouva aussi fort contraire et dit au « Roy qu'il ne devait pas souffrir une telle abomination en son « royaume. »

Mademoiselle de Ravalet avait été mariée à un receveur des tailles de Caen; elle en eut deux enfants; puis, se trouvant grosse pour Ravalet, son frère, elle s'enfuit avec lui à Paris, où ils furent arrêtés, mis à la torture, condamnés et exécutés comme le raconte l'*Étoile*. Il y a au manoir de Tourlaville, un portrait de femme qui passe pour celui de la sœur incestueuse, mais il y a là évidemment erreur de la part de la tradition.

Églises. — Il y a dans l'arrondissement de Cherbourg, quelques églises qui méritent l'attention du touriste. Celle de Bricquebec dont la nef est un modèle d'architecture romane ; celle de Couville qui possède l'autel de la fameuse abbaye de Blanchelande ; cette église est située au milieu d'un cimetière de sarcophages en tuf, l'église romane de Martinvast est très-curieuse ; celle d'Octeville dont le chœur et le clocher sont d'architecture romane, offre, en plus, un bas-relief de la même architecture, représentant la Cène ; dans le cimetière de Querqueville se trouve une chapelle dédiée à St-Germain et qui remonte aux temps mérovingiens; on a même voulu y voir un temple druidique; dans l'église de Ste-Croix, il y a des inscriptions curieuses sur les familles Du Montcel et d'Ozonville.

Phares. — L'arrondissement de Cherbourg offre au touriste deux phares très-curieux à visiter, celui d'Auderville et celui de Gatteville. Ce dernier est le plus beau que l'on connaisse; il a 83 mètres de hauteur, on y parvient par un escalier en hélice qui a 349 marches ; il fut adjugé à l'entrepreneur, M. Menard, moyennant 332,000 f. La lanterne, construite d'après le système Fresnel, a coûté 30,000 fr. Il a été édifié en six années, de 1827 à 1833, la lanterne a été posée en 1834.

Ce phare se compose de 11000 blocs de granit pesant 7,400,000 kilog., répartis en 118 assises. Il a 40 mètres de plus que la colonne de la place Vendôme, c'est-à-dire qu'il a presque deux fois la hauteur de ce monument.

Falaises. — En terminant, nous recommandons au touriste qui voudra jouir d'un beau spectacle, de visiter les falaises de Jobourg et celles de Flamanville. Les premières se trouvent à 24 kilomètres au nord, et les secondes à 24 kilomètres à l'ouest de Cherbourg.

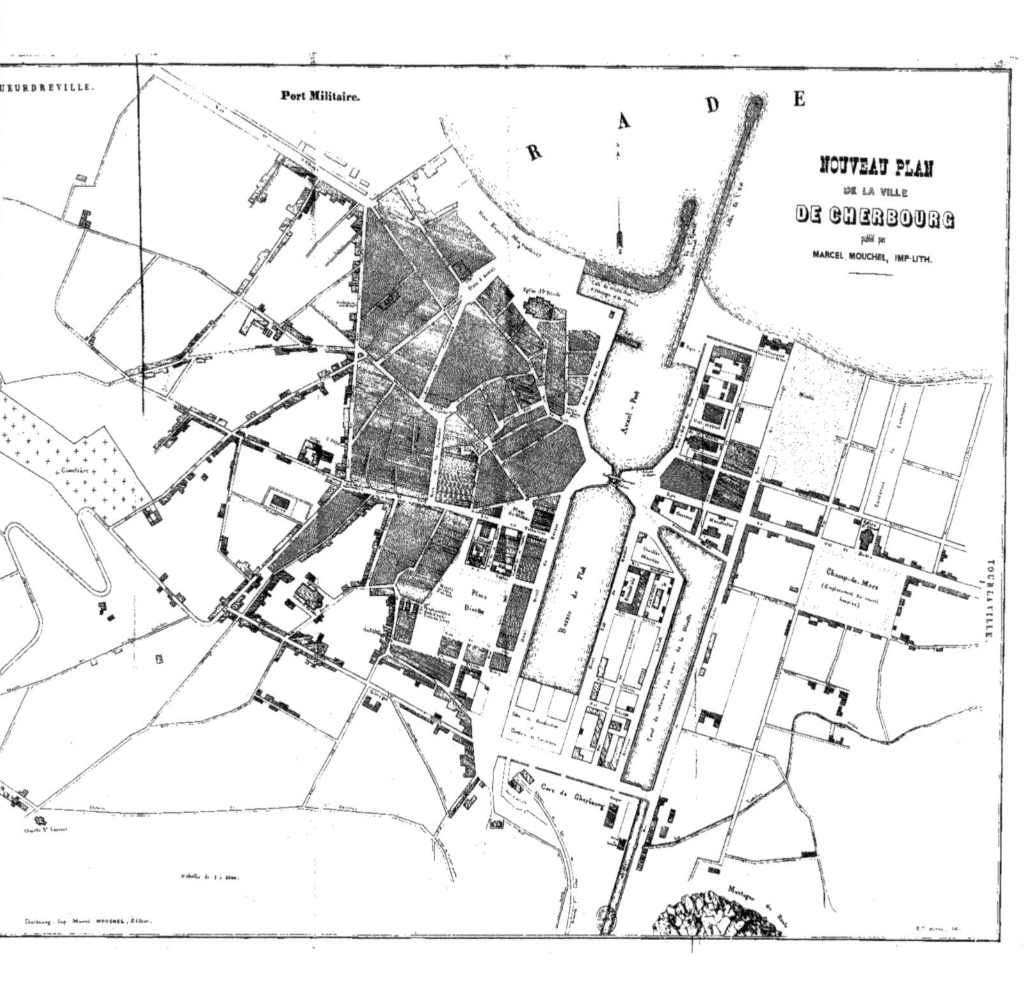

NOUVEAU PLAN
DE LA VILLE
DE CHERBOURG
publié par
MARCEL MOUCHEL, IMP-LITH.
UEURDREVILLE.
Port Militaire.
R A D E
Avant-Port
Bassin du Flot
Champ-de-Mars
Cimetière
Place Divette
Gare de Cherbourg
TOURLAVILLE

www.ingramcontent.com/pod-product-compliance
Ingram Content Group UK Ltd.
Pitfield, Milton Keynes, MK11 3LW, UK
UKHW022149190726
13855UKWH00004B/1416

9 782013 039581